인지발달과 학습향상을 위한

인지상담 Workbook 시리즈

전문가용

주의집중력 향상편

청각적 주의력

1-1

박 소 진
김 익 수
손 금 옥

박영story

인지재활 워크북 시리즈를 내며

인지행동심리를 기반으로 인지재활치료 전문가를 양성해온 지가 벌써 10여 년이란 세월이 흘렀다. 10여 년의 시간 동안 교육해오면서 교재에 대한 필요성이 대두되었고 2019년에 '인지발달과 학습향상을 위한 인지상담의 이해와 실제(박영스토리)'라는 책을 출간하였는데, 본 학회의 저자들은 이 책이 인지상담(인지재활)[1] 분야에서의 최초의 개론서라고 생각한다.

인지상담은 지속적으로 치료를 제공하여 왔음에도 아동들의 특성에 맞는 개별자료들이 부족한 실정이다 보니 늘 마음 한편이 무거웠고 많은 초보 치료사들로부터 전문적인 자료집에 대한 요구가 있어 왔다. 이에 한국인지행동심리학회(www.kicb.kr)에서는 이런 요구에 부응하고자 활동지(Workbook)를 집필하기로 결심하였다.

워크북은 기초인지인 주의와 기억력 향상 등부터 시작하여, 보다 상위 인지를 요구하는 문제해결 등까지 순차적으로 개발될 것이고 이것을 활용하는 방안은 유튜브나 비대면 화상교육 등을 연계하여 초보 인지치료사들이 본 활동지를 사용하는 데 최적화될 수 있도록 할 예정이다. 또한 치료사들과 지속적인 소통을 통하여 워크북을 수정 보완해 나갈 계획을 가지고 있다.

이제 시작을 하는 입장에서 많은 생각들이 오가지만 급할수록 돌아가라는 말대로 작은 것부터 하나하나 시작해보려고 한다. 인지재활치료에 대해 생소한 많은 분들 또는 새롭게 이 분야에 관심을 갖는 많은 분들에게 작은 도움이 되기를 바라본다.

2022년 6월 저자 일동

---

1) 인지상담 혹은 인지재활은 인지상담으로 통칭한다. 다만, 인지재활은 현재 보건복지부에서 시행 중인 '발달재활서비스'의 한 영역으로 포함되어 있고 여기서는 '인지재활서비스'로 명명되고 있다.

인지상담의 개념 및 필요성

인지(cognition)란?

사전적으로는 '어떤 사실을 인정해서 아는 것'을 의미하며 심리학에서는 '자극을 받아들이고, 저장하고, 인출하는 일련의 정신과정, 즉 인식(認識)'을 의미한다. 이런 의미에서 규칙을 이해하고 단어를 기억하거나 시간에 맞춰 약속장소로 이동하는 등 **인지**는 학습은 물론 일상생활의 대부분과 관련 있다고 할 수 있다. 따라서 인지를 개발하고 발달시키는 것은 학업적, 정서적, 사회 적응 등에서 문제나 어려움을 겪는 사람에게는 중요한 과업이라 할 수 있다(박소진 · 손금옥 · 김익수, 2019[2]).

인지상담이란?

이러한 인지의 개념과 그 중요성에 기초하여 인지상담을 간략하게 소개하자면 인지상담은 '인지를 개발하고 발달시키기 위한 **인지, 행동, 학습이론에 근거한 치료**'라고 할 수 있다. 인지상담의 대상이 되는 인지의 주요 영역은 지각, 형태 재인, 주의, 기억, 추론, 문제해결, 창조 등의 정신 활동으로 인지상담은 이러한 인지 영역 중 결함이 있거나 발달이 필요한 영역을 대상으로 치료 목표와 계획을 수립하여 직접적인 지도와 반복 훈련을 통해 인지를 개발 · 발달시키고자 하는 치료 기법이라 할 수 있다. 이러한 인지상담이 필요한 대상은 지적장애, 자폐스펙트럼장애, 주의력결핍과잉행동장애(ADHD), 학습장애, 우울이나 불안 등으로 인해 부적응 상태에 있는 아동과 청소년은 물론 대인관계에 어려움을 겪거나 문제해결 능력이 떨어지는 성인이나 노인도 그 대상이 될 수 있다(박소진 외, 2019).

즉, 인지란 인식 또는 아는 것, 생각, 사고, 지능과 유사한 개념으로 이해하면 될 것 같다. 이 인지에는 주의, 기억, 언어, 계획, 추론, 문제해결 등 다양한 것을 포함한다. 그중 인지에서 가장 기본이 되는 능력으로 '주의'가 있다.

---

2) 박소진 · 손금옥 · 김익수, 2019, 인지상담의 이해와 실제, 박영스토리

주의는 아주 간단히 설명하면 '선택적으로 집중할 수 있는 능력'을 말하는 것으로 인지의 가장 기본적이면서 중요한 능력이라 할 수 있다. 이 주의력에 문제가 있다면 이후 인지발달과 학습향상에 지속적인 어려움을 겪을 것이다.

이 주의에는 (1) 짧은 시간 주의를 기울이는 능력, (2) 주의를 유지하는 능력, (3) 주의를 전환하는 능력이 중요하다. 그 외에도 주의는 불안과 우울과 같은 정서적인 측면에 영향을 받기도 한다. 그러나 본서에서는 정서적인 영향력보다는 위의 3가지 측면에 집중하여 주의력을 향상시키는 데 집중하고자 한다.

선행 조건

주의는 가장 기초적이면서도 중요한 인지능력이고 이런 주의력이 발달하기 위해서는 선행되어야 할 기본적인 조건들이 있다. 새로운 것을 받아들일 준비가 되어 있는지 여부가 바로 그것이다.

① 착석이 가능한가의 여부
② 눈맞춤이 잘되는지 여부
③ 자신의 이름에 반응하고 대답하는가의 여부
④ 간단한 지시따르기가 가능한가의 여부

위의 4가지가 잘되지 않는 아동이라면 이 부분부터 시작하는 것이 좋다. 착석조차 되지 않는 아이와 의미 있는 여타의 활동을 한다는 것은 매우 어려울뿐더러 실질적인 효과를 보기 어렵기 때문에 시간이 걸리더라도 이 부분에 대한 교육을 실시한 후(아동이 치료사가 요구하는 것에 반응할 때 적당히 강화를 제공함으로써 치료사가 원하는 방향으로 행동을 이끌 수 있음), 충분히 아동이 준비가 되었다고 생각될 때 그다음 단계로 넘어가는 것이 좋다.

또한, 연령이 어리고 지적 발달 수준이 낮은 아동의 경우 아동의 수준에 맞는 방법을 고안하는 것이 좋고 아동에게 인지상담 혹은 인지학습전략이 지루하고 재미없는 것으로 인식되지 않도록 다양한 놀잇감을 함께 제시하는 것이 필요하다.

부드럽게 시작하기(친밀감 형성하기)

아동과 인지학습전략(청각적 주의력 향상)을 실시하기 전에 아동과 충분히 친밀감을 형성하는 것이 필요하다. 그러기 위해서는 아동이 좋아하는 노래나 율동을 하면서 아동과 친해지는 것도 하나의 방법이며 노래를 통해 흥미를 유발할 뿐 아니라 청각적 주의력 향상을 도모할 수 있다.

예를 들어 시작할 때 '안녕 안녕 안녕하세요~'라는 노래를 불러주고 자연스럽게 치료시간이 시작됨을 알리고 서로 인사를 나누며 가볍게 스킨십을 함으로써 친밀감을 유도할 수 있다.

인지상담을 위한 Workbook 개발 및 활용

전술한 바와 같이 본 학회에서는 '주의집중 향상'을 시작으로 인지의 주요 영역을 대상으로 단계적으로 활동지를 개발해나갈 예정이다. '주의집중' 영역은 다시 청각적 주의집중과 시각적 주의집중으로 구분하였으며 각각의 주의집중 시리즈는 인지의 발달 단계나 연령 등을 고려하여 순차적으로 개발될 예정이다.

가장 먼저 소개되는 이번 활동지는 청각적 주의집중력 향상을 위한 활동지 시리즈 중 만 5~6세 이하(취학 전) 아동 수준의 발달 연령에 추천하기에 적합하다. 활동지는 개별 활동에 관한 간단한 설명 및 활용 방법에 대한 소개와 함께 현장에서 바로 사용할 수 있는 활동지(10매)로 구성되어 있다. 활동지의 추가 사용을 원하는 경우 활동지만 별도로 구매할 수 있도록 하였다. 본 교재의 활동지를 통한 인지상담에 어느 정도 익숙해지면 본 활동지의 <응용 활동>의 안내 내용을 참고하여 활동지를 활용하여 사용할 수 있도록 하였다.

목차

01 어떤 소리가 들렸나요? • 2

02 어떤 물건의 소리일까요? 차례대로 찾아보세요. • 4

03 노래를 듣고 손뼉을 쳐 볼까요? • 6

04 심부름을 부탁해요(물건 찾기). • 12

05 이상한 나라의 과일, 예쁘게 칠해보세요. • 14

06 몇 등일까요? 순위에 따라 색칠해주세요. • 16

07 하나씩 늘어나네요. 잘 기억해주세요. • 18

08 지시대로 얼굴을 꾸며볼까요? • 20

09 잘 듣고 순서대로 찾아주세요. • 22

10 단어를 잘 듣고 기억해주세요. • 25

11 사라진 단어는 무엇일까요? 잘 듣고 찾아주세요. • 27

12 심부름을 부탁해요(동작 수행). • 29

13 지시대로 선을 이어볼까요? • 32

14 어떤 동물일지 맞혀보세요. • 34

15 '나'는 어떤 사람일까요? • 36

16 어떤 그림을 설명한 것일까요? • 38

17 몇 층을 눌러야 할까요? • 40

18 '나'는 어디에 있을까요? • 42

19 어떤 물건을 샀을까요? • 44

20 어떤 순서로 해야 할까요? 순서대로 놓아보세요. • 46

21 오늘 어떤 활동을 했나요? 순서대로 말해보세요. • 48

22 불러준 숫자만큼 동물 그림을 색칠해주세요. • 50

01 어떤 소리가 들렸나요?

활동 소개

쌀, 동전, 콩, 구슬이 들어있는 캔을 흔들어 소리를 들려준 후 어떤 물건이 들어있는지 맞히는 활동입니다.

활동 방법

① 4개의 캔과 캔에 들어갈 내용물, 즉 소량의 쌀, 동전, 콩 및 구슬을 준비합니다.
② 각각의 내용물을 캔에 넣고 흔들어 어떤 소리가 나는지 확인하도록 합니다.
③ 아동이 눈을 감고 소리를 들을 수 있도록 한 뒤, 캔을 흔들어 어떤 물건의 소리인지 맞히도록 합니다.

응용 활동

✓ 캔을 차례대로 흔든 후 소리가 난 순서를 맞히는 활동을 해도 좋습니다.
✓ 2~3개의 캔을 동시에 흔든 후 어떤 캔을 흔들었는지 맞히는 활동으로도 진행할 수 있습니다.

아동이 두 눈을 감고 캔 안에서 어떤 소리가 들리는지 잘 듣고 순서를 표기하도록 해주세요.
선생님이 캔을 흔드는 순서는 아래 활동지를 참고해주시기 바랍니다.

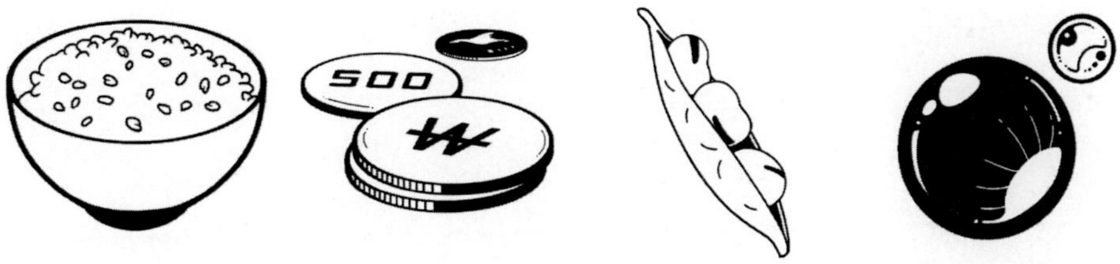

회차	쌀	동전	콩	구슬
1		1		2
2	1		2	
3	3	1	2	
4		3	1	2
5	2	3		1

※ 주: 아동의 반응에 따라 1회에 제공하는 소리의 수를 조정하세요.

02 어떤 물건의 소리일까요? 차례대로 찾아보세요.

활동 소개

소리가 나는 소품이나 악기를 이용, 아동에게 소리를 들려준 후 소리를 낸 물건을 차례대로 찾아보는 활동입니다.

활동 방법

① 먼저 준비한 소품이나 악기의 소리를 한 번씩 들려줍니다.

➡ 아동이 직접 소품이나 악기를 다룰 수 있도록 해주세요.

② 소품(악기)과 소리의 쌍을 잘 이해하는지 확인해주세요.

③ 2~5개의 소리를 제시한 후 그림 판에서 소리를 낸 물건을 차례대로 찾게 해주세요.

응용 활동

✓ 동물들의 울음소리를 활용해도 좋습니다.

✓ 차례대로 제시한 방법 외에 두 번째, 세 번째에 난 소리 등 특정 순서에 제시된 소리를 맞히는 활동을 해도 좋습니다.

선생님은 아래의 순서대로 소리를 내주세요. 아동은 눈을 감거나 등을 돌려 앉도록 해주세요.

회차	소리 물건				
1	실로폰	부채	키보드		
2	박수	스틱	가위		
3	탬버린	책	트라이앵글		
4	빨대	풍선	박수	호루라기	
5	스틱	박수	탬버린	책	
6	실로폰	부채	스틱	박수	
7	탬버린	트라이앵글	가위	빨대	책
8	책	호루라기	빨대	트라이앵글	스틱
9	가위	책	탬버린	호루라기	스틱
10	풍선	박수	빨대	가위	호루라기

※ 주: 책은 책 넘기는 소리, 빨대는 텀블러에 담긴 물에 바람 넣기, 스틱은 서로 부딪히기, 가위는 가위질, 키보드는 키보드 두드리는 소리를 내면 됩니다.

03 노래를 듣고 손뼉을 쳐 볼까요?

활동 소개

아동에게 동요를 들려주면서 특정 단어가 나올 때 손뼉을 치게 하는 활동입니다.

활동 방법

① 동요를 바로 들려줄 수 있도록 준비한 후 아동에게 규칙을 설명합니다.

➡ 아동의 수준에 따라 필요한 경우 시범을 보여주세요.

② 지시를 따르지 못했을 때, 즉 해당 단어를 듣고도 손뼉을 치지 않거나 잘못 친 경우를 대비, 사전에 아동과 함께 재미있는 벌칙을 정해도 좋습니다.

③ 노래가 짧은 만큼 2~3번 연속적으로 반복하며 실시합니다.

응용 활동

✓ 손뼉치기 대신 뿅망치 두드리기나 손 하트 만들기 등 다양하게 활용할 수 있습니다.

✓ 아동 수준에 따라 단어를 2개 정도 선정하여 각 단어에 다른 규칙을 적용해보는 것도 좋습니다.

아동에게 동요를 들려줄 때 아래 QR 코드를 이용하면 됩니다.

요기 여기	머리 어깨 무릎 발	아기 상어
멋쟁이 토마토	악어 떼	솜사탕
올챙이와 개구리	씨앗	겨울 바람
곰 세 마리	우산	엄마 돼지 아기 돼지

03 노래를 듣고 손뼉을 쳐 볼까요?

노래를 듣다가 '요기(여기)'란 단어가 나오면 눈 · 코 · 입을 손가락으로 가리켜 보세요. 처음에는 선생님이 시범을 보이고 나서 노래를 들려주고 아동이 노래에 따라 손가락으로 가리키도록 해주세요.

♬ 요기 여기

눈은 어디 있나 요기, 코는 어디 있나 요기 / 귀는 어디 있나 요기, 입은 어디 있을까 요기
엄마 눈은 어디 있나 여기, 엄마 코는 어디 있나 여기
엄마 귀는 어디 있나 여기, 입은 어디 있을까 여기
(가사응용: 아빠 눈은 어디 있나 여기, 아빠 코는 어디 있나 여기 / 아빠 귀는 어디 있나 여기, 입은 어디 있을까 여기)

노래를 듣다가 '무릎'이란 단어가 나오면 손뼉을 치세요.

♬ 머리 어깨 무릎 발

머리 어깨 무릎 발 무릎 발 / 머리 어깨 무릎 발 무릎 발 무릎 / 머리 어깨 발 무릎 발 / 머리 어깨 무릎 귀 코 귀 / 머리 어깨 무릎 발 머리 어깨 무릎 발 / 머리 어깨 무릎 발 무릎 발 / 머리 어깨 무릎 발 무릎 발 무릎 / 머리 어깨 발 무릎 발 / 머리 어깨 무릎 귀 코 귀
(반복: 머리 어깨 무릎 발 머리 어깨 무릎 발 / 머리 어깨 무릎 발 무릎 발 / 머리 어깨 무릎 발 무릎 발 무릎 / 머리 어깨 발 무릎 발 / 머리 어깨 무릎 귀 코 귀 / 귀 코 귀)

노래를 듣다가 '상어'란 단어가 나오면 손뼉을 치세요.

♬ 아기 상어

아기 상어 뚜 루루 뚜루 귀여운 뚜 루루 뚜루 바닷속 뚜 루루 뚜루 아기 상어
엄마 상어 뚜 루루 뚜루 어여쁜 뚜 루루 뚜루 바닷속 뚜 루루 뚜루 엄마 상어
아빠 상어 뚜 루루 뚜루 힘이 센 뚜 루루 뚜루 바닷속 뚜 루루 뚜루 아빠 상어
할머니 상어 뚜 루루 뚜루 자상한 뚜 루루 뚜루 바닷속 뚜 루루 뚜루 할머니 상어
할아버지 상어 뚜 루루 뚜루 멋있는 뚜 루루 뚜루 바닷속 뚜 루루 뚜루 할아버지 상어
우리는 뚜 루루 뚜루 바다의 뚜 루루 뚜루 사냥꾼 뚜 루루 뚜루 상어 가족
상어다 뚜 루루 뚜루 도망쳐 뚜 루루 뚜루 도망쳐 뚜 루루 뚜루 숨자 으악

살았다 뚜 루루 뚜루 살았다 뚜 루루 뚜루 오늘도 뚜 루루 뚜루 살았다 휴
신난다 뚜 루루 뚜루 신난다 뚜 루루 뚜루 춤을 춰 뚜 루루 뚜루 노래 끝 오예

※ 주: 안내된 단어와 별개로 가사 중 다른 단어를 골라서 진행해도 됩니다.

노래를 듣다가 '토마토'란 단어가 나오면 손뼉을 치세요.

♬ 멋쟁이 토마토

울퉁불퉁 멋진 몸매에 빨간 옷을 입고 새콤달콤 향기 풍기는 멋쟁이 토마토 (토마토)
나는야 주스 될 거야 (꿀꺽) / 나는야 케첩 될 거야 (찌~익) / 나는야 춤을 출 거야 (헤이)
뽐내는 토마토 (토마토)
울퉁불퉁 멋진 몸매에 빨간 옷을 입고 새콤달콤 향기 풍기는 멋쟁이 토마토 (토마토)
나는야 주스 될 거야 (꿀꺽) / 나는야 케첩 될 거야 (찌~익) / 나는야 춤을 출 거야 (헤이)
뽐내는 토마토 (토마토)

노래를 듣다가 '악어'란 단어가 나오면 손뼉을 치세요.

♬ 악어 떼

정글 숲을 지나서 가자 엉금엉금 기어서 가자 늪지대가 나타나면은 악어 떼가 나올라 악어 떼
정글 숲을 지나서 가자 엉금엉금 기어서 가자 늪지대가 나타나면은 악어 떼가 나올라 악어 떼

노래를 듣다가 '솜사탕'이란 단어가 나오면 손뼉을 치세요.

♬ 솜사탕

나뭇가지에 실처럼 날아든 솜사탕 하얀 눈처럼 희고도 깨끗한 솜사탕 엄마 손잡고 나들이 갈 때 먹어 본 솜사탕 훅훅 불면은 구멍이 뚫리는 커다란 솜사탕
(반복: 나뭇가지에 실처럼 날아든 솜사탕 하얀 눈처럼 희고도 깨끗한 솜사탕 엄마 손잡고 나들이 갈 때 먹어 본 솜사탕 훅훅 불면은 구멍이 뚫리는 커다란 솜사탕)

03 노래를 듣고 손뼉을 쳐 볼까요?

노래를 듣다가 '쑥'이란 단어가 나오면 손뼉을 치세요.

♬ 올챙이와 개구리

개울가에 올챙이 한 마리 꼬물꼬물 헤엄치다 뒷다리가 쑥 앞다리가 쑥 팔딱팔딱 개구리 됐네
꼬물꼬물 꼬물꼬물 꼬물꼬물 올챙이가 뒷다리가 쑥 앞다리가 쑥 팔딱팔딱 개구리 됐네
개울가에 올챙이 한 마리 꼬물꼬물 헤엄치다 뒷다리가 쑥 앞다리가 쑥 팔딱팔딱 개구리 됐네
꼬물꼬물 꼬물꼬물 꼬물꼬물 올챙이가 뒷다리가 쑥 앞다리가 쑥 팔딱팔딱 개구리 됐네

노래를 듣다가 '씨, 싹'이란 단어가 나오면 손뼉을 치세요.

♬ 씨앗

씨씨씨를 뿌리고 꼭꼭 물을 주었죠 하룻밤 이틀 밤 쉿 쉿 쉿 뽀드득 뽀드득 뽀드득 싹이 났어요
싹싹싹이 났어요 또또 물을 주었죠 하룻밤 이틀 밤 어 어 어 뽀로롱 뽀로롱 뽀로롱 꽃이 폈어요

노래를 듣다가 '꽁'이란 단어가 나오면 손뼉을 치세요.

♬ 겨울 바람

손이 시려워 (꽁꽁) 발이 시려워 (시려시려) 겨울 바람 때문에 (겨울 바람) 손이 꽁꽁꽁 (꽁)
발이 꽁꽁꽁 (꽁) 겨울 바람 때문에 (꽁꽁꽁)
어디서 이 바람이 시작됐는지 산 너머인지 바다 건넌지 너무너무 얄미워
손이 시려워 (꽁꽁) 발이 시려워 (시려시려) 겨울 바람 때문에 (겨울 바람) 손이 꽁꽁꽁 (꽁)
발이 꽁꽁꽁 (꽁) 겨울 바람 때문에 (꽁꽁꽁)

노래를 듣다가 ‘곰’이란 단어가 나오면 손뼉을 치세요.

♬ 곰 세 마리

곰 세 마리가 한집에 있어 / 아빠 곰 엄마 곰 아기 곰 / 아빠 곰은 뚱뚱해 / 엄마 곰은 날씬해 / 아기 곰은 정말 귀여워 히쭉히쭉 잘한다
곰 세 마리가 한집에 있어 / 아빠 곰 엄마 곰 아기 곰 / 아빠 곰은 뚱뚱해 / 엄마 곰은 날씬해 / 아기 곰은 정말 귀여워 히쭉히쭉 잘한다

노래를 듣다가 ‘우산’이란 단어가 나오면 손뼉을 치세요.

♬ 우산

이슬비 내리는 이른 아침에 우산 셋이 나란히 걸어갑니다
파란 우산 깜장 우산 찢어진 우산 좁다란 학교 길에
우산 세 개가 이마를 마주 대고 걸어갑니다
이슬비 내리는 이른 아침에 우산 셋이 나란히 걸어갑니다
파란 우산 깜장 우산 찢어진 우산 좁다란 학교 길에
우산 세 개가 이마를 마주 대고 걸어갑니다

노래를 듣다가 ‘돼지’란 단어가 나오면 손뼉을 치세요.

♬ 엄마 돼지 아기 돼지

토실토실 아기 돼지 젖 달라고 꿀꿀꿀 엄마 돼지 오냐오냐 알았다고 꿀꿀꿀
꿀꿀 꿀꿀 꿀꿀 꿀꿀 꿀꿀꿀꿀 꿀꿀꿀꿀 꿀꿀꿀꿀꿀 아기 돼지 바깥으로 나가자고 꿀꿀꿀
엄마 돼지 비가 와서 안 된다고 꿀꿀꿀

04 심부름을 부탁해요(물건 찾기).

활동 소개

치료실 또는 아동이 위치한 공간에 있는 소품을 활용하여 2~3개부터 차례대로 숫자를 늘려가며 물건을 찾아오도록 하는 활동입니다.

활동 방법

① 과제를 수행하기 전에 필요한 소품을 준비해 놓습니다.

➡ 소품을 공간에 비치할 때는 아동이 쉽게 찾을 수 있는 곳에 놓는 것이 좋습니다.

② 아동의 반응 수준을 반영하여 찾아야 할 물품의 개수를 점차 늘려주면 됩니다.

③ 소품을 직접 활용하기가 여의치 않다면 활동지의 그림 카드를 이용하여 본 활동을 대체할 수 있습니다.

응용 활동

✓ 같은 물건이지만 일부 속성이 다른, 예를 들면 똑같은 모양의 색이 다른 핸드벨과 같은 소품을 활용해도 좋습니다.

선생님이 말한 물건을 찾아와주세요.

회차	심부름 내용			
1	가위	색연필	휴지	안경
2	마우스	거울	연필	색종이
3	인형	가위	동화책	색종이
4	휴지	인형	거울	색연필
5	자동차	휴지	거울	인형
6	가위	연필	인형	마우스
7	동화책	마우스	휴지	거울
8	색연필	연필	휴지	안경

※ 주: 아동의 반응에 따라 1회차에 찾아야 할 물건의 개수를 조정해주세요.

05 이상한 나라의 과일, 예쁘게 칠해보세요.

활동 소개

밑그림이 그려져 있는 과일을 색칠하는 활동인데 과일의 색상을 선생님이 임의로 정해주면 그 설명을 듣고 아동이 색칠하는 활동입니다.

활동 방법

① 먼저 과일의 이름을 잘 알고 있는지 확인합니다. 모르는 과일이 있는 경우 충분한 시간을 두고 연습하여 과일의 이름을 잘 기억할 수 있도록 합니다.

② 가령, 사과를 노란색으로, 바나나는 빨간색으로 칠하라고 지시함으로써 선생님 지시사항을 잘 들을 수 있도록 합니다.

③ 과일별 색상은 사전에 메모해두어 아동과 불필요한 마찰을 줄입니다.

④ 아동이 활동에 익숙해짐에 따라 한 번에 칠하는 과일의 가지 수를 점차 늘려갑니다.

응용 활동

✓ 특별히 색상이 고정되어 있지 않은 대상(예: 옷 그림)으로 활동하여 고정관념에 의해 잘못 기억하는 일을 줄여줘도 좋습니다.

아래 안내문 중에서 선택하여 아동에게 과제로 제시해주세요.

활동 1

1. 이상한 나라에 파란 바나나, 노란 딸기, 검정 포도가 있네요.
2. 사과는 노란색으로, 딸기는 파란색으로, 바나나는 검은색으로 칠해주세요.
3. 딸기는 주황색으로, 사과는 파란색으로, 포도는 빨간색으로 칠해주세요.
4. 배는 흰색, 레몬은 파란색, 딸기는 노란색으로 칠해주세요.

활동 2

5. 이상한 나라에 파란 바나나, 노란 체리, 검정 포도와 파란 귤이 있네요.
6. 사과는 노란색으로, 체리는 파란색으로, 바나나는 검은색으로 그리고 포도는 빨간색으로 칠해주세요.
7. 체리는 주황색으로, 포도는 초록색으로, 바나나는 빨간색으로 그리고 사과는 노란색으로 칠해주세요.
8. 포도는 흰색으로, 사과는 파란색으로, 체리는 노란색으로 그리고 배는 초록색으로 칠해주세요.

06 몇 등일까요? 순위에 따라 색칠해주세요.

활동 소개

달리기 시합을 벌이고 있는 거북이의 순위에 관한 설명을 듣고, 순위에 맞도록 거북이에게 색을 칠하는 활동입니다.

활동 방법

① 달리기 시합에 참여한 거북이의 등수에 관한 묘사를 색상을 이용하여 표현합니다.
② 구체적인 안내는 전문가용 활동지를 참고하시되, 아동의 수준에 따라 적절하게 난이도를 조정할 수 있습니다.

응용 활동

✓ 거북이 대신 꽃잎 색칠, 지각생 찾기 등 다양한 소재에 순서를 적용하여 색칠하기 활동을 전개할 수 있습니다.
✓ 치료실에 다양한 색상의 미니 자동차나 이와 비슷한 놀잇감이 있는 경우 색칠하기 대신 직접 순서대로 나열해 보는 방법으로 응용할 수 있습니다.

아래 지시문을 읽어주고 그 순서에 따라 거북이를 색칠하도록 해주세요.
아동의 수행 수준에 따라 지시문을 한 번 더 읽어주셔도 좋습니다.

1. 노란색 거북이가 1등으로 출발했지만 지금 노란색 거북이 앞에는 파란색 거북이와 보라색 거북이가 있습니다. 가만히 보니깐 보라색 거북이가 파란색 거북이를 앞서고 있네요. 지금 거북이의 달리기 순위는 어떻게 될까요? 설명에 맞게 색칠해주세요.
2. 가장 앞선 보라색 거북이가 뒤를 돌아보자 바로 뒤에 노란색 거북이가, 그 뒤에 파란색 거북이가 그리고 맨 뒤에 빨간색 거북이가 보였습니다. 지금 거북이의 달리기 순위는 어떻게 될까요? 설명에 맞게 색칠해주세요.
3. 맨 앞에는 파란색 거북이가, 맨 뒤에는 노란색 거북이가 있습니다. 그 사이를 보라색 거북이와 주황색 거북이가 엎치락뒤치락하고 있는데요, 주황색 거북이가 조금 뒤처지기 시작했네요. 지금 거북이의 달리기 순위는 어떻게 될까요? 설명에 맞게 색칠해주세요.
4. 파란색 거북이 앞에는 보라색 거북이가, 보라색 거북이 앞에는 노란색 거북이가 그리고 주황색 거북이는 파란색 거북이 뒤에 있습니다. 지금 거북이의 달리기 순위는 어떻게 될까요? 설명에 맞게 색칠해주세요.
5. 노란색 거북이와 보라색 거북이는 서로 1등을 다투고 있고, 파란색 거북이와 빨간색 거북이는 꼴등을 안 하려고 다투고 있습니다. 1등은 보라색 거북이가 했네요! 꼴등은 파란색 거북이가 했습니다. 지금 거북이의 달리기 순위는 어떻게 될까요? 설명에 맞게 색칠해주세요.

07 하나씩 늘어나네요. 잘 기억해주세요.

활동 소개

특정 유목에 해당하는 단어를 아동과 선생님이 교대로 추가해가며 기억해야 할 단어를 늘려가는 활동입니다.

활동 방법

① 먼저 아동과 제시하고 기억해야 할 단어의 유목이나 주제를 정합니다.
② 가위바위보 등으로 누가 먼저 시작할지 순서를 정합니다.
③ 활동에 참여하는 아동이 여러 명일 경우, 참여 순서를 조정해가며 진행하면 좋습니다.
④ 아동이 외우는 데 도움이 되도록 '시장에 가면' 놀이처럼 일정한 리듬을 이용하여 단어를 외울 수 있도록 합니다.

응용 활동

✓ 아동의 인지 수준에 따라 단어가 아닌 몸동작 등으로 바꾸어 진행해도 좋습니다.
✓ 단어의 순서를 기억하는 데 어려움이 큰 경우 순서와 상관없이 기억해야 할 단어만 제시해도 성공한 것으로 간주할 수 있습니다.

아래 유목 중 하나를 선택하여 활동을 진행합니다. 활동에 앞서 선정한 유목이나 주제에 해당하는 단어의 예시를 알려주셔도 좋습니다.

문방구

공책, 연필, 자, 색연필, 종이, 색종이, 스케치북, 풀, 가위, 지우개 등

동물원

호랑이, 기린, 여우, 공작새, 독수리, 원숭이, 하마, 코끼리, 사자 등

마트

떡볶이, 운동화, 우유, 사과, 아이스크림, 빵, 치킨, 티셔츠, 화장품 등

병원

의사, 간호사, 주사, 솜, 약, 체온계, 붕대, 청진기, 소독약 등

08 지시대로 얼굴을 꾸며볼까요?

활동 소개

활동 1. 네 사람에 대한 설명을 듣고, 들은 내용에 맞게 얼굴을 꾸며주는 활동입니다.

활동 2. ①~⑥번에 관한 설명을 잘 듣고 번호 속 주인공의 감정에 맞도록 표정을 그려주는 활동입니다.

활동 방법

① 활동지의 안내문을 읽어주면서 이야기 속 주인공에 대해 상상해 보도록 합니다.

② 전체 과제를 완성하는 데 3~4개의 작은 활동을 전개하며 순차적으로 완성할 수 있도록 합니다.

③ 얼굴 표정 그리기 활동 역시 활동지의 지문을 차례대로 읽어나가면서 번호에 맞는 얼굴을 찾아 표정을 완성할 수 있도록 합니다.

응용 활동

✓ 얼굴 꾸미기는 좌우 방향이나 신체 부위 명칭 등을 사용하여 좀 더 정교한 위치를 파악할 수 있도록 해도 좋습니다.

✓ 얼굴 표정 그리기는 상황 대신 감정을 유추할 수 있는 어휘를 사용해도 좋습니다.

활동 1. 선생님의 이야기를 끝까지 잘 듣고 얼굴을 꾸며주세요.

지문 1.

- 두 여성 중 젊은 여성은 선글라스를 쓰고 있습니다.
- 할머니의 머리카락은 노란색입니다.
- 자동차 운전을 하고 있던 삼촌은 (왼쪽 귀에) 귀걸이를 하고 있어요.

지문 2.

- 빨간 모자를 쓴 사람의 머리카락은 파란색이고요
- 학교 수업을 마치고 돌아온 꼬마의 입술은 회색입니다.
- 노란 머리의 주인공은 빨간 안경테가 인상적입니다.

활동 2. 선생님의 이야기를 끝까지 잘 듣고 표정을 만들어보세요.

지문 1.

- 백 점을 맞은 ③번 학생이 빵점을 맞은 친구를 위로해주었습니다.
- ⑤번 친구가 새 옷을 입고 학교에 가는데 새똥이 옷에 떨어졌습니다.
- 2년 동안 기르던 ④번 친구의 강아지가 오늘 하늘나라로 갔습니다.

지문 2.

- ⑥번 친구가 만든 종이 인형을 친구가 망가트렸습니다. 그래서 친구랑 싸웠는데요, 선생님이 ⑥번 친구만 혼내셨습니다.
- ①번 친구와 ②번 친구가 함께 놀러 가기로 했는데 비가 오는 바람에 취소됐습니다. 그래서 ②번 친구는 영어 학원에, ①번 친구는 실내 놀이공원에 가기로 했습니다.

09 잘 듣고 순서대로 찾아주세요.

활동 소개

활동지의 그림 자극 중 아동이 기억해야 할 대상을 2~5개 불러준 후 활동지에서 해당 대상을 순서대로 가리켜보게 하는 활동입니다

활동 방법

① 먼저 활동지 속 그림 자극의 이름을 아동이 잘 알고 있는지 확인해주세요.

➡ 모르는 대상이 있다면 충분히 학습한 다음 진행해주세요.

② 아동의 인지발달 수준을 고려하여 순서대로 찾아야 할 대상을 처음에는 2~3개에서 시작하여 점차 개수를 늘려가면 됩니다.

③ 본 활동에서는 제시된 자극을 순서대로 기억하는 것이 핵심입니다.

응용 활동

✓ 서로 다른 유목의 자극을 혼합한 자료를 만들어 활용할 수 있습니다.

✓ 글자를 알고 있는 경우 그림 대신 글자 또는 단어카드로 대신할 수 있습니다.

동물이 그려져 있는 활동지를 잘 보고 선생님이 불러준 동물을 순서대로 가리켜보세요.
선생님이 동물 이름을 부르는 동안 두 손은 무릎 위에 가지런히 놓아주세요.

회차	동물 이름				
1	사자	문어	고양이	올빼미	펭귄
2	고래	펭귄	개구리	달팽이	고양이
3	달팽이	사자	펭귄	고래	문어
4	펭귄	올빼미	코끼리	고양이	개구리
5	고양이	펭귄	사자	달팽이	코끼리
6	고래	펭귄	올빼미	달팽이	사자
7	코끼리	개구리	고양이	문어	고래
8	개구리	고래	펭귄	문어	사자
9	문어	달팽이	사자	코끼리	고래
10	올빼미	문어	고래	고양이	펭귄

※ 주: 아동의 활동 반응에 따라 외워야 할 동물을 추가하거나 줄여서 진행하면 됩니다.

09 잘 듣고 순서대로 찾아주세요.

과일(채소)이 그려져 있는 활동지를 잘 보고 선생님이 불러준 과일(채소)을 순서대로 가리켜보세요.
선생님이 과일(채소) 이름을 부르는 동안 두 손은 무릎 위에 가지런히 놓아주세요.
(또는 '손무릎'이라고 하면서 시범을 보여주세요.)

회차	과일 이름				
1	사과	당근	레몬	포도	딸기
2	수박	옥수수	파프리카	사과	감자
3	바나나	레몬	멜론	호박	파프리카
4	감자	사과	당근	수박	멜론
5	당근	딸기	바나나	포도	옥수수
6	파프리카	포도	딸기	멜론	옥수수
7	레몬	호박	수박	사과	바나나
8	옥수수	당근	감자	호박	포도
9	딸기	멜론	호박	옥수수	파프리카
10	포도	레몬	바나나	수박	사과

※ 주: 아동의 활동 반응에 따라 외워야 할 과일을 추가하거나 줄여서 진행하면 됩니다.

10 단어를 잘 듣고 기억해주세요.

활동 소개

단어 3~5개를 들려주고 차례대로 기억해보는 활동입니다.

활동 방법

① 활동지에 있는 단어 목록을 아동에게 읽어줍니다.

② 단어 목록을 제시한 후 아동이 2~3초 후에 반응할 수 있도록 해주세요.

③ 한글을 쓸 수 있는 경우는 직접 쓰도록 하게 하고 그렇지 못한 경우는 말하도록 합니다.

응용 활동

✓ 단어의 경우 글자 수를 늘리거나 아동에게 생소한 단어를 한두 개 포함시켜 난이도를 조정할 수 있습니다.

✓ 아동이 좋아하는 동요나 동화책의 가사나 이야기에서 단어를 차용하여 사용해도 좋습니다.

10 단어를 잘 듣고 기억해주세요.

선생님이 불러준 단어를 차례대로 말해보세요. 순서는 꼭 지키지 않아도 됩니다.

회차	①	②	③	④	⑤
1	바람	거짓말	사막		
2	놀이터	손수건	냉장고		
3	선풍기	젓가락	반달		
4	종이컵	책가방	휴게실		
5	고속도로	운동장	백화점		
6	주사기	장화	이불	자전거	
7	지우개	주차장	스파게티	미용실	
8	그림자	무지개	횡단보도	슬리퍼	
9	호수	피자	색연필	오징어	가마솥
10	의자	옷걸이	자동차	침대	고양이

※ 주: 단어의 순서보다는 외워서 제시한 단어의 수에 평가의 초점을 맞추어 진행하면 됩니다.

11 사라진 단어는 무엇일까요? 잘 듣고 찾아주세요.

활동 소개

먼저 단어 3~5개를 들려준 후 해당 단어로 이루어진 짧은 문장을 들려줍니다. 그런 다음 처음에 들려준 단어 중 문장에 포함되지 않은 단어 하나를 찾아보는 활동입니다.

활동 방법

① 활동지에 있는 단어 목록을 아동에게 읽어줍니다.

② 단어가 포함된 문장을 읽어준 후 예시에 있던 단어 중 제시되지 않은 단어가 무엇인지 생각해보도록 해주세요.

③ 아동이 성공하지 못할 경우 다시 한번 들려준 후 생략된 단어가 무엇인지 찾아보도록 합니다.

응용 활동

✔ 아동이 활동에 익숙해지면 문장의 길이를 늘려가며 더욱 집중할 수 있도록 유도할 수 있습니다.

✔ 빠진 단어 찾기와 반대로 새로 추가된 단어는 무엇인지 찾아보는 활동으로도 전개할 수 있습니다.

11 사라진 단어는 무엇일까요? 잘 듣고 찾아주세요.

먼저 선생님이 불러준 단어를 잘 기억해주세요. 그런 다음 선생님이 들려준 이야기에 나오지 않는 단어가 무엇인지 찾아보세요.

이야기 1 : **호랑이, 토끼, 사자, 여우**

토끼와 여우가 사이좋게 숲속에서 놀다가 깜짝 놀랐습니다. 나무 위에서 '쿵'하고 호랑이가 떨어졌거든요.

이야기 2 : **포도, 바나나 우유, 사과주스, 콜라**

엄마께서 제 생일 파티를 해주시려고 마트에서 제가 좋아하는 바나나 우유랑 콜라를 사셨습니다. 그리고 과일과게에서는 포도랑 사과를 주문하셨어요.

이야기 3 : **자전거, 유람선, 비행기, 기차, 버스**

자전거로 씽씽 달리면 마치 비행기를 타는 느낌이 들어요. 기차와 버스는 안전을 위해 꼭 앉아 있어야 하지만 여객선은 배 위를 다닐 수 있어 좋아요.

이야기 4 : **노란색, 빨간색, 파란색, 초록색, 보라색**

예쁜 꽃병을 만드는 중입니다. 보라색 튤립과 빨간색 장미, 노란색 해바라기 그리고 흰색 백합을 꽂았고요, 주변은 초록색 허브로 꾸몄습니다.

12 심부름을 부탁해요(동작 수행).

활동 소개

치료실 공간 안에서 할 수 있는 간단한 과업을 2~3개에서 점차 늘려가며 지시사항을 잘 기억하며 수행해 보는 활동입니다.

활동 방법

① 아동이 수행해야 할 과제는 물건 이동 배치하기, 물건 조작하기, 몸동작하기 등 다양할 수 있습니다.

② 물건 이동 배치는 책꽂이에 있는 인형을 책상으로 옮기기와 같은 활동을 의미하고, 물건 조작하기는 쓰러진 의자를 세우기, 몸동작은 개구리 점프하기 등과 같은 동작을 의미합니다.

③ 치료실의 구조나 치료실 내 물품 비치 등이 상이할 수 있는 만큼 개별 상황에 맞는 동작이나 과제를 사전에 기록해 놓은 후 3개에서 5개까지 점차 늘려가며 활동하면 됩니다.

응용 활동

✓ 개별 과제를 하나씩 완료할 때마다 수행해야 할 별도의 과제(예: 박수 세 번 치기)를 제시해도 좋습니다.

✓ 치료실 이외의 공간을 활용하여 이동 경로를 길게 할 수도 있습니다. 이 경우 아동의 안전에 각별히 신경써야 합니다.

12 심부름을 부탁해요(동작 수행).

선생님은 다음의 지시사항 중 3~5개를 임의의 순서로 조합하여 아동이 동작을 수행할 수 있도록 해주시기 바랍니다.

1. 거울 보고 웃기
2. 의자에 앉았다 일어나기 세 번 하기
3. 책상 위에다 똑똑 노크 두 번 하기
4. 선생님께 "안녕하세요?" 인사하기
5. 박수 두 번 치기
6. 책상 위의 책 뒤집어 놓기
7. 색종이 반으로 접기
8. 바닥 위의 공 굴리기
9. 인형 머리 쓰다듬기
10. 부채질하기

※ 주: 수 개념이 없는 아동에 대해서는 동작 수행과 관련된 숫자는 제시하지 않으시면 됩니다.

선생님이 지시한 동작의 번호를 적은 후 아동의 수행 여부를 확인해주세요.

회차	지시 동작					점수
1						/3
2						/3
3						/3
4						/3
5						/3
6						/4
7						/4
8						/4
9						/5
10						/5

13 지시대로 선을 이어볼까요?

활동 소개

제시된 모양을 모눈종이에서 찾아 선으로 연결하는 활동입니다.

활동 방법

① 선 잇기에 사용되는 문양을 처음 3개 정도에서 시작하며 점차 늘립니다.

② 매 활동마다 선 긋기 색을 달리하여 진행하도록 합니다.

③ 처음에는 세모나 네모와 같이 친숙한 모양이 나오도록 유도하며 익숙해지도록 합니다.

응용 활동

✓ 글자를 아는 아동의 경우 개별 글자를 사용하여 선 긋기 활동을 통해 유의미 또는 무의미 단어를 만들게 할 수 있습니다.

✓ 숫자를 활용하는 경우 직접적인 정보 대신 두 수의 연산 결과를 기억하며 선 긋기 활동을 할 수 있도록 유도할 수도 있습니다.

아래의 지시에 따라 활동지 위에 선을 이어보세요.

활동 1.

먼저 빨간색 색연필을 집어주세요. 눈사람, 배, 달님을 연결해주세요.

활동 2.

먼저 노란색 색연필을 집어주세요. 네모, 우산, 세모를 연결해주세요.

활동 3.

먼저 회색 색연필을 집어주세요. 축구공, 세모, 깃발, 햇님을 연결해주세요.

활동 4.

먼저 초록색 색연필을 집어주세요. 웃는 얼굴, 깃발, 우산, 눈사람을 연결해주세요.

활동 5.

먼저 보라색 색연필을 집어주세요. 손가락, 햇님, 네모, 세모를 연결해주세요.

활동 6.

먼저 파란색 색연필을 집어주세요. 축구공, 햇님, 눈사람, 손가락을 연결해주세요.

※ 주: 연결한 선이 반드시 일정한 모양(예: 세모, 네모 등)이 될 필요는 없으며, 아동에 따라서는 직선 대신 꼬불꼬불, 지그재그 형태로 선을 그을 수도 있다는 점을 고려하시기 바랍니다.

14 어떤 동물일지 맞혀보세요.

활동 소개

동물에 관한 설명을 듣고 어떤 동물인지 맞히는 활동입니다.

활동 방법

① 해당 동물의 특징을 가장 잘 드러내는 설명을 한 후 그림 속 동물 중 어떤 것인지 맞히는 활동입니다.

② 쉽게 설명하여 정답을 잘 맞히도록 하는 동시에 복수로 제시하여 선생님의 이야기를 끝까지 잘 듣도록 합니다.

응용 활동

✓ 아동의 수준에 따라 설명의 내용을 조금씩 어렵게 하여 진행할 수 있습니다.

한 번에 하나의 지문 또는 두 개 이상의 지문을 읽어주며 어떤 동물인지 맞혀보도록 하세요.

1. 꽃을 좋아해요, 침을 갖고 다니고 꿀을 찾아 이곳저곳 잘 돌아다녀요.
2. 물을 안 마시고도 오래 버틸 수 있어요. 사막에서 자주 볼 수 있어요.
3. 바다에서 제일 큰 동물이에요. 콧구멍에서 물줄기가 나오는 것처럼 보이는데 물을 뱉는 건 아니래요.
4. 태어날 때부터 덩치가 어마어마해요. 주로 과일이나 풀잎을 먹는데, 코를 주로 사용한대요.
5. 혼자 노는 것을 좋아한대요. 생쥐가 싫어하고 울음소리가 아기 울음소리랑 비슷해요.
6. 당근을 좋아하고 깡충깡충 달리기도 잘하지만 거북이와의 달리기 시합에서는 진 경험이 있대요.
7. 너무 느려서 걷는 모습에 답답해지기도 하는데요, 바다에서는 빨라요. 용왕님의 건강을 위해 토끼 간을 찾으러 다닌 적이 있어요.
8. 헤엄도 잘 치고 하늘도 잘 날아요. 꽥꽥 울음소리가 특징이에요.
9. 사람들과 가장 친한 동물 중 하나예요. 똑똑해서 경찰 아저씨를 돕기도 하는데요, 멍멍 소리를 내며 도둑을 잡기도 해요.

15 '나'는 어떤 사람일까요?

활동 소개

활동지 인물에 관한 설명을 듣고 어떤 사람인지 맞히는 활동입니다.

활동 방법

① 활동지 인물 한 사람 앞에 2~4개의 지문을 준비해 놓습니다.
② 먼저 몇 명을 설명하는지 밝힌 후(처음 시작은 한 사람부터 시작합니다) 지문에 대해 설명을 합니다.
③ 설명을 듣고 난 후 그림에서 해당 인물을 찾도록 합니다.

응용 활동

✓ 직접적인 묘사에서 간접적이거나 비유적인 표현을 하여 설명의 난이도를 조정할 수 있습니다.
✓ 동일한 직업의 유니폼(예: 요리사, 군인, 경찰, 소방관 등)을 입은 각기 다른 사람의 사진 자료를 활용하여 조금 더 세밀한 청취를 유도할 수도 있습니다.

인물 1

① 머리를 예쁘게 꾸몄어요.

② 머리를 장신구로 잘 묶었네요.

③ 치마 허리띠도 머리를 묶은 장신구랑 비슷하네요.

인물 2

① 용맹한 표정을 하고 있어요.

② 창이나 도끼 같은 무기가 잘 어울릴 것 같아요.

③ 머리를 깃털로 꾸몄어요.

인물 3

① 모자를 쓰고 있어요.

② 냄새를 잘 맡을 것 같아요.

③ 손에 국자를 들고 있어요.

인물 4

① 우아한 모습이네요.

② 춤을 잘 출 것 같아요.

③ 긴 치마를 입고 있어요.

인물 5

① 용맹한 표정을 하고 있어요.

② 전쟁터에서 볼 수 있을 것 같아요.

③ 창을 들고 있어요.

인물 6

① 우아한 모습이네요.

② 춤을 잘 출 것 같아요.

③ 허리를 숙이고 있어요.

인물 7

① 한 손에 무언가 들고 있어요.

② 앞에 사람들이 모여 있는 것 같아요.

③ 머리에는 헤드폰을 쓰고 있어요.

인물 8

① 만족스러운 표정이네요.

② 도면을 들고 있어요.

③ 안전모를 쓰고 있네요.

인물 9

① 모자를 쓰고 있어요.

② 친절하고 상냥할 것 같아요.

③ 의사와 한 팀으로 일을 하고 있어요.

16 어떤 그림을 설명한 것일까요?

활동 소개

활동지 그림에 관한 설명을 듣고 어떤 그림인지 맞히는 활동입니다.

활동 방법

① 그림에 관한 안내문 중 하나를 선택하여 읽어줍니다.

② 설명을 듣고 난 후 활동지에서 해당 그림을 찾도록 합니다.

③ 아동이 해당 그림을 왜 선택했는지 설명할 수 있도록 합니다. 설명을 하지 못하는 경우, 예, 아니오 또는 단답형으로 대답할 수 있도록 질문을 합니다.

응용 활동

✓ 그림의 유사성을 높이는 방식으로 난이도를 조정할 수 있습니다.

✓ 청각적 주의집중의 향상을 유도할 수 있도록 그림에 대한 묘사를 조금 더 길게 할 수 있습니다.

아래 그림에 대한 묘사 중 하나를 선택하여 읽어준 후 해당 묘사에 맞는 그림을 아동이 선택하도록 해주세요.

그림 1. 아이가 엄마, 아빠와 함께 있네요. 아이는 혼자서 신발도 척척 신을 수 있을 것 같아요.

그림 2. 아이가 엄마, 아빠와 함께 있네요. 계단이 있는 건물에 들어가려면 엄마, 아빠의 도움이 필요할 것 같아요. 아이는 혼자서 신발도 척척 신을 수 있을 것 같아요.

그림 3. 엄마가 아이를 안고 있어요.

그림 4. 아이들만 있는 모습이 참 귀엽네요.

그림 5. 대식구가 모여 있네요. 엄마의 엄마, 아빠의 아빠도 함께 살고 있어요.

그림 6. 아이가 엄마, 아빠와 나란히 서있네요. 아이가 크면 아빠처럼 농부가 될 것 같아요.

그림 7. 전부 3명인데 아빠는 있지만 엄마는 없어요.

그림 8. 엄마가 아이를 안고 젖을 주고 있어요.

그림 9. 엄마와 아빠 사이에 아이가 있네요. 아빠는 일을 하다 오셨나 봐요.

17 몇 층을 눌러야 할까요?

활동 소개

직업에 관한 설명을 듣고 몇 층에 살고 있는 사람인지 맞히는 활동입니다.

활동 방법

① 먼저 활동지에 소개되어 있는 직업에 대해 알아봅니다.

※ 이미 알고 있다면 생략해도 좋습니다.

② 건물의 각 층에 어떤 직업의 사람이 살고 있는지 확인시켜 주세요.

③ 아동의 이해 수준에 따라 각 직업에 대한 설명을 제공한 후 아동이 직접 맞혀보도록 합니다.

응용 활동

✓ 직업에 관한 설명 수준을 달리하는 방식으로 활동의 난이도를 조정할 수 있습니다.

✓ A직업과 B직업이 함께 만나는 상황 등 복수의 결과를 선택할 수 있도록 하여 선생님의 이야기에 집중할 수 있도록 유도할 수 있습니다.

아래의 문장 중 임의의 순서대로 하나를 골라 아동에게 읽어준 후 몇 층에 사는 사람인지 맞혀보도록 하세요. 단, 문장은 한 번만 읽어주세요.

1. 철수 형은 온종일 운동장에서 공을 던졌습니다. 철수는 이 건물 몇 층에 살고 있을까요?
2. 지혜 언니는 귀여운 코알라를 매일 만난다고 하니 정말 부럽네요. 지혜는 이 건물 몇 층에 살고 있을까요?
3. 오늘 점심시간에만 할아버지가 만든 볶음밥이 100그릇도 넘는대요. 할아버지는 이 건물 몇 층에 살고 있을까요?
4. 만수네 아빠는 사람들에게 편지를 전해주느라 하루 종일 걸어 다니셨다고 하네요. 만수네 아버지는 이 건물 몇 층에 살고 있을까요?
5. 우연이 엄마는 학교에서 학생들을 가르치는 일을 해요. 우연이 엄마는 이 건물 몇 층에 살고 있을까요?
6. 민국이 형 가방 안에는 언제나 야구 배트와 글러브가 (그리고 운동복이) 들어 있습니다. 민국이 형은 이 건물 몇 층에 살고 있을까요?
7. 혜진 누나는 무서운 호랑이가 하나도 무섭지 않은가 봐요. 오늘도 사자의 점심을 맨손으로 주고 있어요. 혜진 누나는 이 건물 몇 층에 살고 있을까요?
8. 윤정 이모 집에 놀러 가면 처음 맛보는 음식을 먹을 수 있어서 참 좋습니다. 윤정 이모는 이 건물 몇 층에 살고 있을까요?

18 '나'는 어디에 있을까요?

활동 소개

건물에 관한 정보를 바탕으로, 건물 간 상대적 위치 등의 정보를 통해 현재 있는 장소를 맞히는 활동입니다.

활동 방법

① 먼저 그림이 나타내는 장소나 의미를 아는지 확인한 후 아동이 잘 모르면 충분히 익힐 수 있도록 안내합니다.

② 특정 건물을 기준으로 상하좌우 등의 묘사를 통해 어디에 있는지 파악하도록 합니다.

③ 정답을 확인한 후 아동에게 다양한 방법으로 '나'의 위치를 묘사해보도록 합니다.

응용 활동

✓ 건물의 이동 경로를 외우게 한 후 예를 들어, 두 번째로 들린 곳을 찾아보는 활동으로도 전개할 수 있습니다.

아래의 문장 중 하나를 골라 아동에게 읽어준 후 '내가' 현재 서 있는 위치를 맞혀보도록 하세요. 단, 문장은 한 번만 읽어주세요.

1. 나는 우체국보다는 아래, 병원에서는 왼쪽 옆에 있습니다. 나는 어디에 있을까요?
2. 나는 우체국보다는 아래, 경찰서보다는 위에 있습니다. 나는 어디에 있을까요?
3. 나는 경찰서 오른쪽에 있습니다. 나는 어디에 있을까요?
4. 나는 식당에서 가장 먼 곳에 있습니다. 나는 어디에 있을까요?
5. 나는 은행 오른쪽에, 병원 아래에 있습니다. 나는 어디에 있을까요?
6. 나는 도서관에서 식당으로 가는 길 중간에 있습니다. 나는 어디에 있을까요?
7. 나는 병원에서 수영장으로 가는 길에 있는 장소 중 가장 왼쪽에 있습니다. 나는 어디에 있을까요?

※ 주: 정답으로 꼭 특정 건물을 가리키지 않아도 됩니다.

19 어떤 물건을 샀을까요?

활동 소개

좌우 방향에 관한 지시를 따라 이동하여 출발지에서 어떤 지점에 도착했는지 확인해보는 활동입니다.

활동 방법

① 먼저 아동에게 출발지점을 확인시켜준 후 지시에 따라 어떻게 이동하는지 알려줍니다.

② 출발점을 기준으로 두세 개의 목적지를 설정한 후 이동 경로를 알려주고 어떤 물건을 샀는지 차례대로 말해보도록 합니다.

응용 활동

✓ 두 명의 주인공을 등장시킨 후 각각의 주인공이 움직인 경로를 안내한 후 각각 어떻게 움직여야 서로 만날 수 있는지 말해보도록 하는 활동으로도 전개할 수 있습니다.

1. 집에서 나와 왼쪽으로 3칸 아래로 1칸 이동했습니다. 그럼 어떤 물건을 사러 간 것일까요?

2. 집에서 나와 위로 쭉 3칸 왼쪽으로 1칸 이동했습니다. 그럼 어떤 물건을 사러 간 것일까요?

3. 집에서 나와 아래로 쭉 3칸 오른쪽으로 1칸 이동했습니다. 그럼 어떤 물건을 사러 간 것일까요?

4. 집에서 나와 오른쪽으로 3칸 위로 1칸 이동했습니다. 그럼 어떤 물건을 사러 간 것일까요?

5. 집에서 나와 오른쪽으로 두 칸, 위로 3칸 다시 왼쪽으로 다섯 칸을 이동한 후 잠시 쉬었다가 위로 두 칸 더 이동했습니다. 그럼 어떤 물건을 사러 간 것일까요?

6. 집에서 나와 왼쪽으로 3칸 아래로 1칸 이동하여 물건을 산 후 다시 오른쪽으로 2칸, 위로 4칸을 이동했습니다. 그럼 어떤 물건들을 사러 간 것일까요?

7. 집에서 나와 위로 쭉 3칸 왼쪽으로 1칸 이동하여 물건을 산 후 다시 위로 3칸, 오른쪽으로 3칸을 이동했습니다. 그럼 어떤 물건들을 사러 간 것일까요?

20 어떤 순서로 해야 할까요? 순서대로 놓아보세요.

활동 소개

일상생활에 필요한 기능을 수행하는 생활기술의 수행 방법을 듣고 순서대로 나열하는 활동입니다.

활동 방법

① 먼저 생활기술 중 하나를 선택합니다.

② 생활기술의 과제 수행에 필요한 과정을 안내합니다.

③ 해당 순서에 따라 그림을 선택하여 배열하도록 합니다.

응용 활동

✓ 새롭게 배워야 할 생활기술을 주제로 난이도를 올려 진행할 수 있습니다.

✓ 5~6단계 과정으로 설명한 후 그림은 4개로 선택하거나 반대로 4단계 과정으로 설명한 후 6개의 그림으로 나타내어 순서를 찾도록 할 수도 있습니다.

아래 활동 중 하나를 선택하여 읽어준 후 각 단계에 맞는 그림을 골라 순서대로 배열하도록 해주세요.

양치질

- 칫솔에 치약을 묻혀요.
- 칫솔로 치아를 닦아요.
- 물로 입을 헹궈요.
- 수건으로 입을 닦아요.

손 씻기

- 비누 거품을 내요.
- 손가락, 손바닥, 손등 등 골고루 닦아요.
- 흐르는 물에 손을 씻어요.
- 수건이나 드라이어로 손을 말려요.

길 건너기

- 횡단보도 노란 안전선 밖에 서 있어요
- 신호등을 바라봐요.
- 차가 오는지 좌우를 살펴봐요.
- 손을 들고 길을 건너요.

21 오늘 어떤 활동을 했나요? 순서대로 말해보세요.

활동 소개

활동 내용의 전후 관계를 파악하여 오늘 하루의 일과를 재구성하는 활동입니다.

활동 방법

① 먼저 활동지 속 일과에 대해 정확하게 알고 있는지 확인합니다.

② 전문가용 안내문에 있는 지문을 읽고 활동의 순서를 제시하도록 해주세요.

③ 일정 구성에 어려움이 있으면 지문을 한 문장씩 읽어가며 카드를 사건의 순서에 따라 배치할 수 있도록 합니다.

응용 활동

✓ 단순 순서 대신 시간을 알려주고 활동의 순서를 파악하도록 유도할 수도 있습니다.

✓ 직접적인 단서 제공 대신 간접적이거나 유추해야 얻을 수 있는 정보를 활용해도 좋습니다.

아래 일과 중 하나를 선택하여 읽어준 후 아동용 활동지의 그림 카드를 순서대로 배열하도록 해주세요.

2월 2일 화요일, 지영이의 일과(하루)입니다.

- 동화책을 읽고 나서 바이올린 연주를 하기 전에 요리 방송을 봤습니다.
- 동화책을 읽기 전에는 스케이트를 탔습니다.
- 바이올린 연습을 마친 후 방송에서 본 피자를 만들어봤습니다.

4월 7일 토요일, 지영이의 일과(하루)입니다.

- 아침에 일어나서 가장 먼저 한 일은 바이올린 연주였습니다.
- 밤에 책을 읽다가 잠이 들었습니다.
- 스케이트 연습 후 배가 고파서 파스타를 만들어 먹었습니다.

8월 29일 수요일, 지영이의 일과(하루)입니다.

- 아침에 일어나서 신데렐라를 읽었습니다.
- 책을 읽기 전에는 볶음밥을 만들었습니다.
- 운동을 하고 나서 바이올린을 연주하려니 정말 힘들었습니다.
- 한낮인데도 실내체육관은 많이 추웠는데 운동을 하고 나니 땀으로 옷이 흠뻑 젖었습니다.

12월 15일 토요일, 지영이의 일과(하루)입니다.

- 동화책을 읽고 나서 엄마를 도와 요리를 했습니다.
- 평소에는 바이올린 연습을 마친 후 스케이트장에 가는데 오늘은 순서를 바꿨습니다.
- 바이올린 연습 후 동화책을 읽었습니다.

22 불러준 숫자만큼 동물 그림을 색칠해주세요.

활동 소개

선생님이 말한 동물을 제시된 숫자만큼 찾아 칠하는 활동입니다.

활동 방법

① 서로 다른 개수의 동물이 그려져 있는 활동지를 먼저 보여주며, 가령 '펭귄 둘, 고양이 셋, 독수리 하나'와 같이 색칠해야 할 동물과 그 숫자를 제시합니다.

② 지시사항을 잘 듣고 순서대로 동물을 찾아 적절한 수만큼 색칠할 수 있도록 안내합니다.

③ 1단계 수행 수준에서는 동일한 색상 또는 아동이 원하는 색으로 색칠할 수 있도록 합니다.

응용 활동

✓ 동물 그림과 숫자 이외에 색깔을 지정함으로써 난이도를 조정할 수 있습니다.

✓ 동물 그림 대신 교통수단, 과일, 꽃 또는 아동의 관심 분야의 사물을 그림 자료로 활용할 수 있습니다.

아래 지시문 중 하나를 골라 해당 숫자만큼 동물을 색칠하게 해주세요.

활동 1.

코끼리 3마리, 나비 2마리, 원숭이 4마리를 칠해주세요.

활동 2.

새 1마리, 문어 2마리, 토끼 4마리를 칠해주세요.

활동 3.

상어 2마리, 토끼 3마리, 나비 2마리를 칠해주세요.

활동 4.

원숭이 3마리, 토끼 3마리, 코끼리 2마리를 칠해주세요.

활동 5.

상어 3마리, 문어 2마리, 새 4마리를 칠해주세요.

활동 6.

토끼 2마리, 코끼리 4마리, 원숭이 3마리를 칠해주세요.

※ 주: 1. 색칠하고 남은 동물 그림의 숫자를 확인해가며 추가적으로 과제를 제시해주세요.
2. 아동이 활동에 익숙해지면, 빨간 코끼리 3마리, 노랑 원숭이 2마리, 파란 나비 1마리 등과 같이 색에 대한 정보를 추가하며 진행할 수 있습니다.

공저자 약력

박소진

덕성여대 심리학 박사 수료
덕성여대 심리학과, 단국대학교 특수교육학대학원, 추계예술대학교 출강
육군교육사령부 자문위원
현) 한국인지행동심리학회 협동조합 대표(2012~)

[저서]

1. 비극은 그의 혀끝에서 시작됐다 2. 영화 속 심리학(1, 2) 3. 처음 시작하는 심리검사와 심리 평가 4. 당신이 알아야 할 인지행동치료의 모든 것 - 행복해지기 위한 기술 5. 나는 자발적 방콕주의를 선택했다 6. 영화로 이해하는 심리상담 7. 영화로 이해하는 아동청소년 심리상담 8. 인지행동치료 개론(공역) 9. 인지상담의 이해와 실제(공저) 10. 영화관에 간 심리학

김익수

단국대학교 특수교육학과
서울대학교 특수교육전공 석·박사통합과정 박사수료
2003년 2월 특수학교(초등)2급 정교사 취득
2009년 ~ 2019년 2월 아동발달센터 근무
2018년 ~ 한국인지행동심리학회 협동조합 교육이사
2020년 7월 ~ 현재 ㈜나비소셜컴퍼니

[저서]

1.인지·행동치료 개론 2. 인지발달 및 학습향상을 위한 인지상담의 이해와 실제

손금옥

중앙대학교 대학원 유아교육학과 박사
남서울대학교 아동복지학과 강사, 혜전대학교 언어재활과, 유아교육학과 강사 및 겸임교수
남서울대학교 부설 아동가족상담센터 상담연구원
현) 원광보건대학교 유아교육과 교수
현) 한국임상모래놀이치료학회 이사, 한국인지행동심리학회 협동조합 교육이사

[저서]

1. 유아동작교육 2. 영 · 유아 놀이지도의 이론과 실제 3. 아동상담의 이론과 실제(공저) 4. 보육학개론(공저) 5. 정신건강론(공저) 6. 교사-아동관계증진 프로그램이 예비교사의 공감 및 교육신념에 미치는 영향 7. 아동의 행동문제, 부모의 양육태도 및 양육스트레스에 미치는 놀이치료의 효과(공저) 8. 아버지의 공감능력 증진과 유아기 자녀의 행동문제 개선을 위한 부모놀이 치료의 효과(공저) 9. 아버지의 부모놀이치료 프로그램 참여효과(공저) 10. 놀이치료를 활용한 부모교육프로그램에 참여한 부모의 공감능력 및 자녀의 정서행동문제 의 변화과정분석(공저) 11. 유아교육 발전 방안 연구(공동연구)

한국인지행동심리학회 협동조합 소개

본 학회는 인지, 행동 심리학을 기반으로 관련 분야의 전문 인력을 교육하고 양성하며, '인지행동' 관련 상담 프로그램 개발 등을 전문으로 하는 기관으로 2014년도부터는 육군교육사령부의 용역 사업을 진행해왔으며, 최근 학회 대표인 박소진은『영화 속 심리학』(1, 2)를 출간한 (2014~15) 이후로 영화 상담 관련 교육과 한국교원연수원에서 영상 콘텐츠 등 활발한 활동을 하고 있음.
홈페이지 www.kicb.kr/문의 kicbtp@naver.com/010-3925-4045

인지발달과 학습향상을 위한 인지상담 Workbook 시리즈 – 주의집중력 향상편(청각적 주의력 1-1)(전문가용)

초판발행 2022년 7월 1일
중판발행 2023년 5월 10일

지은이 박소진·김익수·손금옥
펴낸이 노 현

편 집 김다혜
디자인 BEN STORY
제 작 고철민·조영환

펴낸곳 (주) 피와이메이트
서울특별시 금천구 가산디지털2로 53, 한라시그마밸리 210호(가산동)
등록 2014. 2. 12. 제2018-000080호
전 화 02)733-6771
f a x 02)736-4818
e-mail pys@pybook.co.kr
homepage www.pybook.co.kr
ISBN 979-11-6519-304-1 93180

정 가 14,000원

박영스토리는 박영사와 함께하는 브랜드입니다.